O Mito Individual do Neurótico

Campo Freudiano no Brasil

Coleção dirigida por Jacques-Alain e Judith Miller
Assessoria brasileira: Angelina Harari

Paradoxos de Lacan
série apresentada por Jacques-Alain Miller

- *Nomes-do-Pai*
- *O triunfo da religião* precedido de *Discurso aos católicos*
- *Meu ensino*
- *O mito individual do neurótico*
- *Estou falando com as paredes*

Jacques Lacan

O Mito Individual do Neurótico

ou

Poesia e verdade na neurose

Tradução:
Claudia Berliner

Revisão técnica:
Ram Mandil

ZAHAR

Título original:
Le mythe individuel du névrosé
ou Poésie et vérité dans la névrose

Tradução autorizada da primeira edição francesa,
publicada em 2007 por Éditions du Seuil,
de Paris, França

Jorge Zahar Editor Ltda.
rua Marquês de S. Vicente 99 – 1º | 22451-041 Rio de Janeiro, RJ
tel (21) 2529-4750 | fax (21) 2529-4787
editora@zahar.com.br | www.zahar.com.br

Capa: Dupla Design

CIP-Brasil. Catalogação-na-fonte
Sindicato Nacional dos Editores de Livros, RJ.

Lacan, Jacques, 1901-1981
L129m O mito individual do neurótico, ou, A poesia e verdade na neurose / Jacques Lacan; tradução Claudia Berliner; revisão técnica Ram Mandil. – Rio de Janeiro: Zahar, 2008.
(Campo freudiano no Brasil)

Tradução de: Le mythe individuel du névrosé
Inclui bibliografia
ISBN 978-85-378-0060-7

1. Neuroses. 2. Psicanálise. I. Título. II. Título: Poesia e verdade na neurose. III. Série.

CDD 150.195
08-0534 CDU 159.964.2

Sumário

Três textos.

Três datas: 1952, 1954, 1956.

Três lugares: o Collège Philosophique, um Congresso de Psicologia Religiosa, a Sociedade Francesa de Filosofia.

O primeiro texto, que dá nome a este volume, é o de uma conferência que ficou famosa.

O segundo é uma contribuição inédita sobre o símbolo, seguida de uma divertida discussão com Mircea Eliade.

O terceiro é uma pergunta feita a Claude Lévi-Strauss ao término de uma comunicação deste último.

Ao final do volume, o leitor encontrará algumas indicações bibliográficas.

Jacques-Alain Miller

O mito individual do neurótico
ou
Poesia e verdade na neurose

Vou lhes falar de um assunto que devo qualificar de novo e que, como tal, é difícil.

A dificuldade dessa exposição não lhe é tão intrínseca. Deve-se ao fato de ela tratar de algo novo de que pude me aperceber tanto por minha experiência analítica quanto pela tentativa que faço, ao longo de um ensino chamado seminário, de aprofundar a realidade fundamental da análise. Extrair essa parte original para fora desse ensino e dessa experiência, para fazer vocês sentirem seu alcance, comporta dificuldades muito específicas na exposição.

Por isso é que lhes peço desde já indulgência, caso surja alguma dificuldade na compreensão ao menos num primeiro momento daquilo de que se trata.

1

A psicanálise, devo lembrar a título de preâmbulo, é uma disciplina que no conjunto das ciências se apresenta a nós com uma posição realmente particular. Costumam dizer que ela não é uma ciência propriamente dita, o que parece implicar por contraste que ela é simplesmente uma arte. É um erro, se por isso entendermos que ela é tão-somente uma técnica, um método operacional, um conjunto de receitas. Mas não é um erro se empregarmos essa palavra, "arte", no sentido em que era empregada na Idade Média quando se falava das artes liberais – vocês conhecem a série que vai da astronomia à dialética, passando pela aritmética, a geometria, a música e a gramática.

É-nos certamente difícil apreender hoje, dessas artes ditas liberais, a função e o alcance na vida e no pensamento dos mestres medievais. No entanto, é certo que o que as caracteriza e as distingue das ciências que delas teriam se originado é que conservam em primeiro plano o que se pode chamar uma relação fundamental com a medida do homem. Pois bem, a psicanálise talvez seja atualmente a única disciplina comparável a essas artes liberais, pelo que preserva dessa relação de medida do homem consigo mesmo – relação interna, fechada sobre si mesma, inesgotável, cíclica, que o uso da fala comporta por excelência.

É justamente por isso que a experiência analítica decididamente não é objetivável. Comporta sempre no seio de si mesma a emergência de uma verdade que não pode ser dita, porque o que a constitui é a fala e seria preciso, de certo modo, dizer a própria fala, o que é, propriamente falando, o que não pode ser dito enquanto fala.

Por outro lado, vemos emanar da psicanálise métodos que, eles sim, tendem a objetivar modos de agir sobre o homem, o objeto humano. Não passam, contudo, de técnicas derivadas dessa arte fundamental que é a psicanálise, na medida em que é constituída por essa relação intersubjetiva que não pode, como lhes disse, esgotar-se, pois ela é o que nos faz homens. É, no entanto, o que somos levados a procurar exprimir, apesar de tudo, numa formulação que dê a conhecer o seu essencial, e é justamente por isso que existe no seio da experiência analítica algo que é, propriamente falando, um mito.

O mito é o que dá uma formulação discursiva a algo que não pode ser transmitido na definição da verdade, porque a definição da verdade só pode se apoiar sobre si mesma, e é na medida em que a fala progride que ela a constitui. A fala não pode apreender a si própria, nem apreender o movimento de acesso à verdade como uma verdade objetiva. Pode apenas exprimi-la – e isso de forma mítica. Nesse sentido é que se pode dizer que aquilo em que a teoria analítica concretiza a relação intersubjetiva, e que é o complexo de Édipo, tem valor de mito.

Vou lhes apresentar hoje uma série de fatos da experiência que procurarei exemplificar a respeito dessas formações que constatamos na vivência dos sujeitos que tomamos em análise, os sujeitos neuróticos por exemplo, e que são conhecidas por todos aqueles para quem a experiência analítica não é de todo estranha. Essas formações obrigam a introduzir no mito edipiano, na medida em que ele está no cerne da experiência analítica, certas modificações estruturais correlativas aos nossos próprios progressos na compreensão da experiência analítica. É o que nos permite entender, num segundo plano, que a teoria analítica está toda ela baseada no conflito fundamental que, por intermédio da rivalidade com o pai, liga o sujeito a um valor simbólico essencial – mas isso, como verão, sempre em função de uma certa degradação concreta, talvez ligada a circunstâncias sociais específicas, da figura do pai. A própria experiência se estende entre essa imagem do pai, sempre degradada, e uma imagem cuja importância nossa prática nos possibilita reconhecer cada vez melhor, além de medir suas incidências no próprio analista, uma vez que, sob uma forma certamente velada e quase renegada pela teoria analítica, ele ocupa, de modo quase clandestino, na relação simbólica com o sujeito, a posição desse personagem muito apagado pelo declínio de nossa história que é o do mestre – do mestre moral, do mestre que institui na dimensão das relações humanas fundamentais aquele que está na ignorância, e que lhe proporciona o que se pode chamar de acesso à consciência, até mesmo à sabedoria, na aquisição da condição humana.

Se nos fiarmos na definição do mito como certa representação objetivada de um *epos* ou de uma gesta que exprime de maneira imaginária as relações fundamentais características de certo modo de ser humano numa determinada época, se o entendermos como a manifestação social latente ou patente, virtual ou realizada, plena ou esvaziada de seu sentido, desse modo do ser, então é certo que poderemos encontrar sua função na vivência mesma de um neurótico. De fato, a experiência nos fornece todo tipo de manifestações conformes com esse esquema, as quais, pode-se dizer, são estritamente falando mitos, o que vou lhes mostrar por meio de um exemplo que acredito ser dos mais familiares na memória de todos aqueles dentre vocês que se interessam por essas questões e que tirei de uma das grandes observações de Freud.

Essas observações são periodicamente objeto de um interesse renovado no ensino, o que não impediu um de nossos eminentes colegas de manifestar recentemente a seu respeito – ouvi-o de sua própria boca – uma espécie de desprezo.

A técnica, dizia ele, é nelas tão inepta quanto arcaica. Isso quem sabe se sustenta se pensarmos nos progressos que fizemos ao tomar consciência da relação intersubjetiva e só interpretar através das relações que se estabelecem entre o sujeito e nós na atualidade das sessões. Mas será que meu interlocutor deveria levar as coisas até o ponto de dizer que os casos de Freud eram mal escolhidos? Pode-se decerto dizer que estão todos incompletos, que para muitos são psicanálises que pararam no meio do caminho, pedaços de análise. Porém, justamente isso deveria nos incitar a refletir e a nos perguntar por que Freud fez tal escolha. Isso, bem entendido, se confiarmos em Freud. E é preciso confiar nele.

Não basta dizer, como prosseguia aquele que emitia as afirmações que lhes relatei, que isso certamente tem pelo menos o caráter estimulante de nos mostrar que basta um grãozinho de verdade em algum lugar para que ele transpareça e surja a despeito dos entraves que a exposição lhe opõe. Não considero ser esta uma visão correta das coisas. Na verdade, a árvore da prática cotidiana escondia do meu colega o crescimento da floresta que surgiu dos textos freudianos.

Escolhi apresentar-lhes o Homem dos Ratos e creio que poderei justificar nesta oportunidade o interesse de Freud por esse caso.

2

Trata-se de uma neurose obsessiva. Acho que todos os que vieram assistir à presente conferência já ouviram falar do que se considera ser a raiz e a estrutura dessa neurose, a saber, a tensão agressiva, a fixação instintiva etc. O progresso da teoria analítica colocou na origem de nossa compreensão da neurose obsessiva uma elaboração genética extremamente complexa e, sem dúvida, determinado elemento, determinada fase dos temas fantasísticos ou imaginários que estamos habituados a sempre encontrar na análise de uma neurose obsessiva aparecem na leitura do "Homem dos Ratos". Mas esse lado tranqüilizador – que sempre têm, para aqueles que lêem ou aprendem, os pensamentos familiares, vulgarizados – talvez mascare para o leitor a originalidade dessa observação e seu caráter particularmente significativo e convincente.

Como sabem, o título do caso vem de uma fantasia totalmente fascinante, que, na psicologia da crise que leva o sujeito ao alcance do analista, tem uma evidente função de desencadeamento. É o relato de um suplício sobre o qual sempre se lançou muita luz, gozando até de verdadeira celebridade, e que consiste na introdução de um rato, estimulado por meio artificiais, no reto do supliciado, por meio de um dispositivo mais ou menos engenhoso. A primeira audição desse relato é que provoca no sujeito um estado de horror fascinado que, não é que desencadeie sua neurose, mas atualiza seus temas e suscita a angústia. Segue-se toda uma elaboração cuja estrutura deveremos examinar.

Essa fantasia é certamente essencial para a teoria do determinismo de uma neurose e será encontrada em vários temas ao longo da observação. Isso quer dizer que todo o seu interesse consiste nisso? Não só não creio, como estou certo de que qualquer leitura atenta perceberá que seu principal interesse provém da extrema particularidade do caso.

Como Freud sempre destacou, cada caso deve ser estudado em sua particularidade, exatamente como se ignorássemos tudo da teoria. E a particularidade desse caso está no caráter manifesto, visível, das relações em jogo. O valor exemplar desse caso particular prende-se à sua simplicidade, do mesmo modo como se pode dizer que em geometria um caso particular pode ter uma deslumbrante superioridade de evidência em comparação com a demonstração, cuja verdade, devido a seu caráter discursivo, permanecerá velada sob as trevas de uma longa seqüência de deduções.

Eis no que consiste a originalidade do caso, que se revela para todo leitor minimamente atento.

A constelação – por que não, no sentido que dela falam os astrólogos? –, a constelação original que presidiu ao nascimento do sujeito, ao seu destino e quase diria à sua pré-história, a saber, as relações familiares fundamentais que estruturaram a união de seus pais, mostra ter uma relação muito precisa, e talvez definível por uma fórmula de transformação, com o que aparece como o mais contingente, o mais fantasístico, o mais paradoxalmente mórbido de seu caso, a saber, o último estado de desenvolvimento de sua grande apreensão obsedante, roteiro imaginário a que chega como se fosse à solução da angústia ligada ao desencadeamento da crise.

A constelação do sujeito é formada na tradição familiar pelo relato de um certo número de traços que especificam a união dos pais.

É preciso saber que o pai foi suboficial no início de sua carreira e que continuou muito "suboficial", com o tom de autoridade, um pouco derrisória porém, que isso comporta. Certa desvalorização acompanha-o de modo permanente na estima de seus contemporâneos, e um misto de bravata e ostentação compõe um personagem convencional que encontramos no homem simpático descrito pelo sujeito. Esse pai viu-se em condições de fazer o que se chama de casamento vantajoso – a mulher pertencia a um meio bem mais elevado na hierarquia burguesa e lhe trouxe tanto os meios de subsistência como a própria situação de que gozava no momento em que iam ter o filho. O prestígio situa-se portanto do lado da mãe. E uma das provocações mais freqüentes entre essas pessoas, que em princípio se entendem bem e parecem até ligadas por uma real afeição, é uma espécie de brincadeira que consiste num diálogo entre os esposos: a mulher faz uma alusão divertida a um vivo interesse do marido, pouco antes do casamento, por uma moça pobre, mas bonita, e o marido protesta e afirma a cada ocasião que foi algo tão passageiro quanto distante, e já esquecido. Mas essa brincadeira, cuja própria repetição talvez implique haver nela algo de artificioso, decerto impressionou profundamente o jovem sujeito que mais tarde se tornará nosso paciente.

Outro elemento do mito familiar não é de menor importância. Na sua carreira militar, o pai teve o que se pode chamar, em termos pudicos, "aborrecimentos". Não fez nem mais nem menos que dilapidar no jogo os fundos do regimento, confiados a ele pelo cargo que ocupava. Ficou a dever a honra, e até mesmo a vida, ao menos em termos de sua carreira, da imagem com que pôde continuar a se apresentar na sociedade, à intervenção de um amigo que lhe emprestou a soma que convinha reembolsar e que se tornou então seu salvador. Ainda se fala daquele momento como tendo sido um episódio realmente importante e significativo do passado paterno.

Eis portanto como se apresenta a constelação familiar do sujeito. O relato dela vai saindo, fragmento por fragmento, durante a análise, sem que o sujeito estabeleça qualquer ligação com o que quer que seja que aconteça de atual. Faz-se necessária toda a intuição de Freud para entender que esses são elementos essenciais para o desencadeamento da neurose obsessiva. O conflito *mulher rica/mulher pobre* reproduziu-se exatamente na vida do sujeito no momento em que seu pai o pressionava para desposar uma mulher rica, e foi então que se desencadeou a neurose propriamente dita. Ao trazer esse fato, o sujeito diz quase ao mesmo tempo: "Estou lhe contando algo que certamente não tem nenhuma relação com tudo o que me aconteceu." Então Freud percebe imediatamente a relação.

O que de fato se vê numa visão panorâmica da observação é a estrita correspondência entre esses elementos iniciais da constelação subjetiva e o desenvolvimento último da obsessão fantasística. Qual é esse desenvolvimento último? A imagem do suplício provocou inicialmente no sujeito, de acordo com o modo de pensar próprio do obsessivo, todo tipo de temores, a saber, que aquele suplício pudesse um dia ser infligido às pessoas que lhe são mais caras e, particularmente, a esse personagem da mulher pobre idealizada a quem devota um amor cujo estilo e valor próprio veremos daqui a pouco – é a forma mesma de amor de que é capaz o sujeito obsessivo – ou, mais paradoxalmente ainda, a seu pai, que no entanto estava morto naquele momento e reduzido a um personagem imaginado no além. O sujeito se viu, finalmente, levado a comportamentos que nos mostram que as construções neuróticas do obsessivo acabam às vezes por confinar com as construções delirantes.

Vê-se na situação de ter de pagar o preço de um objeto que não é indiferente precisar qual seja, um par de óculos que lhe pertence, e que perdeu nas grandes manobras durante as quais lhe foi feito o relato do suplício em questão e se desencadeou a crise atual. Pede a reposição urgente dos óculos a seu oculista de Viena – pois tudo isso transcorre no antigo Império Austro-Húngaro, antes do começo da guerra de 1914 – e este lhe envia por encomenda rápida um pequeno pacote contendo o objeto. Ora, o mesmo capitão que lhe contou a história do suplício, e que muito o impressiona por uma certa exibição de gostos cruéis, informa-o de que deve o reembolso do pacote a um tenente A, que cuida dos assuntos de correio e que supostamente desembolsou a soma por ele. Será em torno dessa idéia de reembolso que se dará o desenvolvimento último da crise. De fato, o sujeito transforma o reembolso da soma num dever neurótico, mas dentro de certas condições bem precisas. Esse dever, ele o impõe a si mesmo sob a forma de um mandamento interno que surge no psiquismo obsessivo, em contradição com seu primeiro movimento que tinha se expressado sob a forma "não pagar". Ei-lo, ao contrário, ligado a si próprio por uma espécie de juramento, "pagar a A". Ora, ele rapidamente se dá conta de que esse imperativo absoluto não tem nada de adequado, pois não é A que cuida dos assuntos do correio, mas um tenente B.

O assunto, porém, não termina aí. No momento mesmo em que todas essas elucubrações se produzem nele, o sujeito sabe perfeitamente, como se descobre logo em seguida, que na verdade ele tampouco deve essa soma ao tenente B, mas simplesmente à senhora do correio, que concordou em confiar em B, senhor respeitável, que é oficial e se encontrava nas redondezas. No entanto, até o momento em que vem se confiar aos cuidados de Freud, o sujeito ficará num estado de angústia *maxima*, perseguido por um desses conflitos tão característicos da vivência dos obsessivos e que gira todo ele em torno do seguinte roteiro: como jurou reembolsar a soma a A, convém, para que não aconteçam aos que ele mais ama as catástrofes anunciadas pela obsessão, que ele faça com que o tenente A reembolse a generosa senhora do correio, que, na sua frente, ela transfira a soma em questão ao tenente B e que ele mesmo reembolse então o tenente A, cumprindo assim seu juramento ao pé da letra. É aonde o leva, por essa dedução própria aos neuróticos, a necessidade interna que o domina.

Vocês não podem deixar de reconhecer, nesse roteiro que comporta a passagem de uma certa soma de dinheiro do tenente A para a generosa senhora do correio que fez frente ao pagamento, depois da senhora para um outro personagem masculino, um esquema que, complementar em certos pontos, suplementar em outros, paralelo de certo modo e inverso de outro, é o equivalente da situação original, na medida em que ela certamente pesa sobre o espírito do sujeito e sobre tudo o que faz dele esse personagem com uma modalidade de relacionamento muito especial com os outros, e que se chama neurótico.

Claro que se trata de um roteiro impossível de seguir. O sujeito sabe perfeitamente que não deve nada nem a A, nem a B, e sim à senhora do correio, e que se o roteiro se realizasse, seria ela que afinal de contas arcaria com a despesa.

De fato, como sempre acontece na vivência dos neuróticos, a realidade imperativa do real tem precedência sobre tudo o que o atormenta infinitamente – que o atormenta até no trem que o leva na direção estritamente contrária àquela que deveria ter tomado para ir cumprir junto à senhora do correio a cerimônia expiatória que lhe parece tão necessária. Apesar de dizer para si mesmo em cada estação que ainda pode descer, trocar de trem, regressar, é para Viena que se dirige, onde irá se confiar aos cuidados de Freud, e ele se contentará muito simplesmente, uma vez começado o tratamento, em enviar uma ordem de pagamento à senhora do correio.

Esse roteiro fantasístico apresenta-se como um pequeno drama, uma gesta, que é precisamente a manifestação do que chamo o mito individual do neurótico.

Reflete, efetivamente, de uma maneira sem dúvida fechada para o sujeito, embora não absolutamente fechada, longe disso, a relação inaugural entre o pai, a mãe e o personagem, mais ou menos apagado no passado, do amigo. Essa relação decerto não é elucidada pela forma puramente factual como a expus, pois só adquire seu valor pela apreensão subjetiva que o sujeito teve dela.

O que dará seu caráter mítico a esse pequeno roteiro fantasístico? Não é simplesmente o fato de encenar uma cerimônia que reproduz de forma mais ou menos exata a relação inaugural que aí se encontra como que escondida – ele a modifica no sentido de uma certa tendência. De um lado, temos na origem uma dívida do pai com o amigo – pois deixei de lhes dizer que ele nunca reencontrou o amigo, é justamente isso que permanece misterioso na história original, e que nunca pôde reembolsar sua dívida. De outro, há na história do pai substituição, substituição da mulher pobre pela mulher rica. Ora, no interior da fantasia desenvolvida pelo sujeito, observamos algo como uma troca dos termos finais de cada uma dessas relações funcionais. O aprofundamento dos fatos fundamentais envolvidos na crise obsessiva mostra, de fato, que o objeto do desejo tantalizante que o sujeito tem – de retornar para o lugar onde está a senhora do correio – não é de jeito nenhum essa senhora, mas um personagem que na história recente do sujeito encarna a mulher pobre, uma empregada de hospedaria que conheceu durante as manobras, na atmosfera de calor heróico que caracteriza a fraternidade militar, e com quem se dedicou a algumas dessas operações de bolinação em que costumam se extravasar esses sentimentos generosos. Para extinguir a dívida, é preciso de certo modo devolvê-la, não ao amigo, mas à mulher pobre, e por meio disso à mulher rica, que a substitui no roteiro imaginado.

Tudo se passa como se os impasses próprios da situação original se deslocassem para um outro ponto da rede mítica, como se o que não é resolvido num lugar se reproduzisse sempre noutro. Para entender bem, é preciso ver que na situação original, tal como a descrevi, há uma dupla dívida. Por um lado a frustração ou até uma espécie de castração do pai. Por outro lado, a dívida social nunca resolvida, implicada na relação com o personagem, em segundo plano, do amigo. Trata-se de algo bem diferente da relação triangular considerada típica na origem do desenvolvimento neurotizante. A situação apresenta uma espécie de ambigüidade, de diplopia – o elemento da dívida está situado em dois planos ao mesmo tempo, e é precisamente na impossibilidade de fazer esses dois planos se encontrarem que se desenrola todo o drama do neurótico. Ao tentar fazer um e outro se recobrirem, faz uma operação circular, nunca satisfatória, que não consegue fechar seu ciclo.

É o que de fato ocorre com o desenrolar das coisas. O que acontece quando o Homem dos Ratos confia seu tratamento a Freud? Num primeiro tempo, Freud substitui muito diretamente, nas suas relações afetivas, um amigo que desempenhava um papel de guia, conselheiro, protetor, tutor tranqüilizador, que depois de ouvir a confidência de suas obsessões e angústias lhe dizia regularmente: "Você nunca fez o mal que acredita ter feito, você não é culpado, não se preocupe." Freud é portanto posto no lugar do amigo. E muito rapidamente desencadeiam-se fantasias agressivas. Elas não estão unicamente ligadas, longe disso, à substituição do pai por Freud, como a interpretação do próprio Freud tende incessantemente a manifestar, mas antes, como na fantasia, à substituição do amigo pelo dito personagem da mulher rica. De fato, muito rapidamente, nessa espécie de curto delírio que constitui, ao menos nos sujeitos muito profundamente neuróticos, uma verdadeira fase passional no interior mesmo da experiência analítica, o sujeito se põe a imaginar que Freud deseja nada menos do que lhe dar sua própria filha, da qual faz fantasticamente um personagem dotado de todos os bens da Terra e que ele representa sob a forma bastante peculiar de um personagem com óculos de estrume nos olhos. Trata-se portanto da substituição do personagem de Freud por um personagem ambíguo, simultaneamente protetor e maléfico, cujos óculos esquisitos indicam bem, por outro lado, a relação narcisista com o sujeito. Mito e fantasia se juntam aqui e a experiência passional, ligada à vivência atual da relação com o analista, serve de trampolim, por intermédio das identificações que comporta, para a resolução de alguns problemas.

Tomei um exemplo bem particular. Mas gostaria de insistir no que é uma realidade clínica, que pode servir de orientação na experiência analítica: existe no neurótico uma situação de quatuor, que se renova o tempo todo, mas que não existe num único plano.

Para esquematizar, diremos que, no caso de um sujeito do sexo masculino, seu equilíbrio moral e psíquico exige a assunção de sua própria função – fazer-se reconhecer como tal na sua função viril e no seu trabalho, assumir seus frutos sem conflito, sem ter o sentimento de que é outra pessoa e não ele que o merece ou que ele mesmo só o tem por um feliz acaso, sem que se produza aquela divisão interna que faz do sujeito a testemunha alienada dos atos de seu próprio eu. Essa é a primeira exigência. A outra, é esta: um gozo que possa ser qualificado de sereno e unívoco do objeto sexual uma vez tendo ele sido escolhido, em conformidade com a vida do sujeito.

Pois bem! Cada vez que o neurótico consegue ou tende a conseguir assumir seu próprio papel, cada vez que se torna de certo modo idêntico a si próprio e se certifica da pertinência de sua própria manifestação em seu contexto social específico, o objeto, o parceiro sexual, se desdobra – aqui sob a forma *mulher rica ou mulher pobre*. O que é muito impressionante na psicologia do neurótico – basta entrar, já não na fantasia, mas na vida real do sujeito para percebê-lo claramente – é a aura de anulação que cinge do modo mais familiar o parceiro sexual que para ele mais realidade tem, que lhe é mais próximo, com quem tem em geral os vínculos mais legítimos, quer se trate de um caso ou de um casamento. Surge por outra parte um personagem que desdobra o primeiro, e que é objeto de uma paixão mais ou menos idealizada buscada de forma mais ou menos fantasística, com um estilo análogo ao do amor-paixão e que leva, aliás, a uma identificação de ordem mortal.

Se, por outro lado, numa outra face de sua vida, o sujeito faz um esforço para recuperar a unidade de sua sensibilidade, é então na outra ponta da cadeia, na assunção de sua própria função social e de sua própria virilidade – uma vez que escolhi o caso de um homem – que ele vê aparecer ao seu lado um personagem com quem também tem uma relação narcisista enquanto relação mortal. A este é que ele delega o fardo de representá-lo no mundo e de viver no seu lugar. Não é verdadeiramente ele – ele se sente excluído, fora de sua própria vivência, não consegue assumir suas particularidades e contingências, sente-se em desacordo com sua existência, e o impasse se reproduz.

É nessa forma muito especial do desdobramento narcisista que jaz o drama do neurótico, com relação ao qual as diferentes formações míticas que exemplifiquei para vocês agora há pouco sob a forma de fantasias adquirem todo seu valor, mas que também podem ser encontradas sob outras formas, nos sonhos por exemplo. Tenho inúmeros exemplos disso nos relatos de meus pacientes. Aí é onde podem realmente ser mostradas ao sujeito as particularidades originais de seu caso, de uma maneira muito mais rigorosa e viva para ele do que segundo os esquemas tradicionais resultantes da tematização triangular do complexo de Édipo.

Gostaria de lhes citar um outro exemplo e mostrar-lhes sua coerência com o primeiro. Para tal fim, tomarei um caso muito próximo da observação do "Homem dos Ratos", mas que diz respeito a um tema de outra ordem – à poesia ou à ficção literária. Trata-se de um episódio da mocidade de Goethe, que ele nos narra em "Poesia e verdade". Não é arbitrariamente que o trago para vocês – é de fato um dos temas literários mais valorizados nas confidências do Homem dos Ratos.

3

Goethe está com 22 anos, mora em Estrasburgo, e é então que ocorre o célebre episódio de sua paixão por Frederica Brion, que ele recordará com nostalgia até uma época avançada de sua vida. Foi por meio dela que pôde superar a maldição lançada sobre ele por um de seus amores anteriores, a chamada Lucinda, quanto a qualquer contato amoroso com uma mulher e muito particularmente quanto ao beijo nos lábios.

A cena merece ser contada. A tal Lucinda tem uma irmã, figura um pouco esperta demais para ser honesta, ocupada em persuadir Goethe dos danos que está provocando na pobre moça. Roga-lhe simultaneamente que se afaste e que lhe dê, a ela, a astuciosa, o penhor do último beijo. É quando Lucinda os surpreende e diz: "Malditos sejam para todo o sempre esses lábios. Que a desgraça recaia sobre a primeira que deles receber a homenagem." Não foi evidentemente sem motivo que Goethe, então em plena enfatuação da adolescência conquistadora, recebeu a tal maldição como um interdito que doravante lhe vai barrar o caminho em todas as suas investidas amorosas. Conta-nos então como, exaltado pela descoberta da moça encantadora que é Frederica Brion, consegue pela primeira vez vencer a interdição e sente a embriaguez do triunfo, depois dessa apreensão de algo mais forte do que as suas próprias interdições internas assumidas.

É um dos episódios mais enigmáticos da vida de Goethe, e não menos extraordinário é o abandono de Frederica por ele. Por isso os *Goetheforscher* – assim como os stendhalianos e os bossuetistas, são pessoas muito particulares que se dedicam a um dos autores cujas palavras deram forma a nossos sentimentos e passam o tempo remexendo nos papéis nos armários para analisar o que o gênio pôs em destaque –, os *Goetheforscher* se debruçaram sobre esse fato. Deram-nos todo tipo de razões, que eu não gostaria de arrolar aqui. É certo que todas exalam aquele filistinismo correlativo desse tipo de pesquisa quando ela é realizada no plano comum. Tampouco se exclui que de fato haja sempre alguma obscura dissimulação de filistinismo nas manifestações da neurose, pois é mesmo de uma manifestação desse gênero que se trata no caso de Goethe, como irão lhes mostrar as considerações que vou expor agora.

Há muitos aspectos enigmáticos no modo como Goethe aborda essa aventura e eu poderia quase dizer que é nos seus antecedentes imediatos que se encontra a chave do problema.

Para ser breve, Goethe, que na época está morando em Estrasburgo com um de seus amigos, conhece já faz tempo a existência, numa pequena aldeia, da família aberta, amável, acolhedora do pastor Brion. Mas quando vai até lá cerca-se de precauções cujo caráter engraçado ele nos conta em sua biografia – na verdade, olhando os detalhes, não é possível deixar de se espantar com a estrutura realmente rebuscada que eles revelam.

Primeiro, crê dever ir até lá disfarçado. Goethe, filho de um grande burguês de Frankfurt e que se distingue no meio de seus amigos pela desenvoltura das maneiras, pelo prestígio dado à vestimenta, um estilo de superioridade social, disfarça-se de estudante de teologia, com uma sotaina especialmente surrada e descosida. Parte com o amigo e durante todo o trajeto riem às gargalhadas. No entanto, fica sem dúvida muito chateado a partir do momento em que a realidade da sedução evidente e radiante da jovem, que surge contra o pano de fundo dessa atmosfera familiar, faz ele perceber que se quiser causar melhor impressão terá de trocar o mais rápido possível o espantoso traje, que não o faz aparecer sob um aspecto muito favorável.

As justificações que ele dá para esse disfarce são muito estranhas. Evoca nada mais nada menos que o disfarce que os deuses usavam para descer para o meio dos mortais – o que, ele mesmo ressalta isso, mais do que enfatuação, parece-lhe indicar, no estilo do adolescente que ele era então, certamente algo que confina com a megalomania delirante. Se olharmos as coisas nos detalhes, o texto de Goethe nos mostra o que ele pensa disso. É que por meio desse modo de se disfarçar, os deuses buscavam sobretudo evitar aborrecimentos e, para resumir, era um modo deles não terem de considerar a familiaridade dos mortais como ofensas. O que os deuses mais se arriscam a perder quando descem ao nível dos mortais é sua imortalidade, e o único modo de escapar disso é precisamente pôr-se no nível deles.

É de fato de algo assim que se trata. A seqüência o demonstra ainda melhor quando Goethe retorna a Estrasburgo e volta a vestir sua bela indumentária, não sem ter sentido, um pouco tardiamente, o quanto foi indelicado ter se apresentado sob uma forma que não é a sua, e ter assim traído a confiança daquelas pessoas que o acolheram com uma hospitalidade encantadora – percebe-se realmente na narrativa o próprio tom do *gemütlich*.

Retorna então a Estrasburgo. Mas, longe de realizar seu desejo de voltar pomposamente trajado à aldeia, não encontra melhor alternativa senão substituir seu primeiro disfarce por um segundo, que pede emprestado a um empregado de hospedaria. Aparecerá dessa vez disfarçado de modo ainda mais estranho, mais discordante do que da primeira vez e, além disso, caracterizado. Sem dúvida que ele coloca as coisas no plano da brincadeira, mas essa brincadeira se torna cada vez mais significativa – na verdade, já não se situa nem mesmo no nível do estudante de teologia, mas ligeiramente abaixo. Faz papel de bobo. E tudo isso está deliberadamente entremeado de uma série de detalhes que fazem com que, afinal, todos aqueles que colaboram com essa farsa percebam muito bem que aquilo de que se trata está intimamente ligado ao jogo sexual, à conquista.

Alguns detalhes têm até, por assim dizer, um valor de inexatidão. Como o título *Dichtung und Wahrheit* indica, Goethe teve consciência de que tinha o direito de organizar e harmonizar suas lembranças com ficções que lhes preenchessem as lacunas, que certamente não tinha a capacidade de preencher de outra forma. O ardor daqueles de quem disse há pouco, que seguiam os grandes homens de perto, demonstrou a inexatidão de certos detalhes, que se tornam assim ainda mais reveladores do que se pode chamar as intenções reais de toda a cena. Quando Goethe se apresentou caracterizado com a roupa do empregado de hospedaria e se divertiu por muito tempo com o qüiproquó daí resultante, era, diz ele, portador de um bolo de batizado que pegara igualmente emprestado. Ora, os *Goetheforscher* demonstraram que seis meses antes e seis meses depois do episódio de Frederica não tinha havido batizado na região. O bolo de batizado, homenagem tradicional ao pastor, não pode ser outra coisa senão uma fantasia de Goethe, que adquire assim, a nossos olhos, todo o seu valor significativo. Implica a função paterna, mas precisamente na medida em que Goethe se especifica como não sendo o pai, somente aquele que traz algo e tem uma relação apenas exterior com a cerimônia – faz de si o suboficiante, não o herói principal. De modo que toda a cerimônia de sua escapada aparece na verdade não só como um jogo, mas bem mais profundamente como uma precaução, e se insere no registro do que chamei há pouco o desdobramento da função pessoal do sujeito nas manifestações míticas do neurótico.

Por que Goethe age assim? Muito precisamente porque tem medo – como a seqüência irá evidenciar, pois o relacionamento não fará mais que declinar. Longe de o desencantamento, o desenfeitiçamento da maldição original ter ocorrido depois de Goethe ousar transpor a barreira, percebe-se, ao contrário, por todo tipo de formas substitutivas – a noção de substituição está indicada no texto de Goethe –, que seus temores no que diz respeito à realização daquele amor só fizeram crescer. Todas as razões invocadas – desejo de não se ligar, de preservar o destino sagrado do poeta, ou até a diferença de nível social – não passam de formas racionalizadas, roupagem, superfície da corrente infinitamente mais profunda que é a da fuga diante do objeto desejado. Diante da meta, vemos produzir-se de novo um desdobramento do sujeito, sua alienação em relação a si próprio, as manobras por meio das quais ele se dá um substituto sobre o qual devem recair as ameaças mortais. Tão logo reintegra esse substituto em si mesmo, torna-se impossível atingir a meta.

Hoje à noite, posso apenas lhes dar a tematização geral dessa aventura, mas saibam que existe uma irmã, o duplo de Frederica, que vem completar a estrutura mítica da situação. Se retomarem o texto de Goethe, verão que, o que numa exposição rápida pode parecer uma construção, se confirma por outros detalhes, diversos e chamativos, inclusive a analogia que Goethe faz com a conhecida história do vicário de Wakefield, transposição literária, fantasística, de sua aventura.

4

O sistema quaternário, tão fundamental nos impasses, nas insolubilidades da situação vital dos neuróticos, tem uma estrutura bem diferente daquela dada tradicionalmente – o desejo incestuoso pela mãe, a interdição do pai, seus efeitos de barreira e, em torno disso, a proliferação mais ou menos luxuriante de sintomas. Creio que essa diferença deveria nos levar a discutir a antropologia geral que se depreende da doutrina analítica tal como foi ensinada até agora. Numa palavra, todo o esquema do Édipo deve ser criticado. Não posso me pôr a fazer isso hoje à noite, mas nem por isso posso deixar de tentar introduzir aqui o quarto elemento de que se trata.

Afirmamos que a situação mais normativizante da vivência original do sujeito moderno, sob a forma reduzida que é a família conjugal, está ligada ao fato de o pai ser o representante, a encarnação de uma função simbólica que concentra em si o que há de mais essencial em outras estruturas culturais, a saber, os gozos serenos, ou melhor, simbólicos, culturalmente determinados e fundados, do amor pela mãe, isto é, pelo pólo ao qual o sujeito está ligado por um laço incontestavelmente natural. A assunção da função do pai pressupõe uma relação simbólica simples, em que o simbólico recobriria plenamente o real. Seria preciso que o pai não fosse somente o *nome-do-pai*, mas representasse em toda a sua plenitude o valor simbólico cristalizado na sua função. Ora, é claro que esse recobrimento do simbólico e do real é absolutamente inapreensível. Ao menos numa estrutura social como a nossa, o pai é sempre, por algum lado, um pai discordante com relação à sua função, um pai carente, um pai *humilhado*, como diria o sr. Claudel. Há sempre uma discordância extremamente nítida entre o que é percebido pelo sujeito no plano do real e a função simbólica. Nessa distância é que reside o que faz com que o complexo de Édipo tenha seu valor – de jeito nenhum normativizante, mais freqüentemente patogênico.

Não digo aí nada que nos faça avançar muito. O próximo passo, que nos faz entender de que se trata na estrutura quaternária, é o seguinte, que é a segunda grande descoberta da psicanálise, não menos importante que a função simbólica do Édipo – a relação narcísica.

A relação narcísica com o semelhante é a experiência fundamental do desenvolvimento imaginário do ser humano. Enquanto experiência do eu, tem uma função decisiva na constituição do sujeito. O que é o eu, senão uma coisa que o sujeito primeiro experimenta como estranha no interior dele mesmo? É primeiro num outro, mais avançado, mais perfeito que ele, que o sujeito se vê. Vê, em particular, sua própria imagem no espelho numa época em que é capaz de percebê-la como um todo, embora não se experimente como tal, mas viva na perturbação original de todas as funções motoras e afetivas que é a dos seis primeiros meses depois do nascimento. Assim, o sujeito tem sempre uma relação antecipada com sua própria realização, que o lança de volta ao plano de uma profunda insuficiência e revela nele uma rachadura, um dilaceramento original, uma derrelição, para retomar o termo heideggeriano. Por isso é que em todas as suas relações imaginárias o que se manifesta é uma experiência da morte. Experiência sem dúvida constitutiva de todas as manifestações da condição humana, mas que aparece muito especialmente na vivência do neurótico.

Se o pai imaginário e o pai simbólico costumam ser fundamentalmente distintos, não é somente pela razão estrutural que lhes estou indicando, mas também de uma maneira histórica, contingente, particular a cada sujeito. No caso dos neuróticos, é freqüente que o personagem do pai, por algum incidente da vida real, seja desdobrado. Seja porque o pai morreu precocemente e foi substituído por um padrasto com quem o sujeito facilmente tem uma relação mais fraterna, que muito naturalmente se estabelecerá no plano dessa virilidade ciumenta que é a dimensão agressiva da relação narcisista. Seja porque foi a mãe quem desapareceu e as circunstâncias da vida deram acesso no grupo familiar a uma outra mãe, que já não é a verdadeira. Seja porque o personagem fraterno introduz a relação mortal de modo simbólico e ao mesmo tempo a encarna de um modo real. Muito freqüentemente, como afirmei, trata-se de um amigo, como no "Homem dos Ratos", o amigo desconhecido e nunca reencontrado que desempenha um papel tão essencial na lenda familiar. Tudo isso desemboca no quatuor mítico. Ele é reintegrável na história do sujeito e desconhecê-lo é desconhecer o elemento dinâmico mais importante da própria análise. Estamos aqui apenas destacando-o.

Qual é esse quarto elemento? Pois bem, vou designá-lo hoje dizendo que é a morte.

Pode-se perfeitamente conceber a morte como elemento mediador. Antes de a teoria freudiana ter colocado a ênfase, com a existência do pai, numa função que é simultaneamente função da fala e função do amor, a metafísica hegeliana não hesitou em construir toda a fenomenologia das relações humanas em torno da mediação mortal, terceiro essencial do progresso, por meio do qual o homem se humaniza na relação com seu semelhante. E pode-se dizer que a teoria do narcisismo, tal como a expus agora há pouco, explica alguns fatos que permanecem enigmáticos em Hegel. Porque, afinal, para que a dialética da luta até a morte, da luta por puro prestígio, possa simplesmente ter início, é preciso que a morte não se realize, pois o movimento dialético cessaria por falta de combatentes, é preciso que ela seja imaginada. Com efeito, é da morte, imaginada, imaginária, que se trata na relação narcísica. É igualmente a morte imaginária e imaginada que se introduz na dialética do drama edipiano, e é dela que se trata na formação do neurótico – e talvez, até certo ponto, em algo que vai muito além da formação do neurótico, a saber, a atitude existencial característica do homem moderno.

Não seria preciso me pressionar muito para me fazer dizer que o que faz mediação na experiência analítica real é algo da ordem da fala e do símbolo, e que numa outra linguagem se chama ato de fé. Porém, certamente não é isso o que a análise exige e tampouco o que ela implica. Trata-se antes do registro das últimas palavras pronunciadas por esse Goethe que, creiam-me, não foi por acaso que eu o trouxe esta noite a título de exemplo.

Pode-se dizer de Goethe que, por sua inspiração, sua presença vivida, ele impregnou e animou extraordinariamente todo o pensamento freudiano. Freud reconheceu que foi a leitura dos poemas de Goethe que o lançou nos seus estudos médicos e decidiu, ao mesmo tempo, seu destino, mas isso é pouco perto da influência do pensamento de Goethe sobre sua obra. Portanto, é com uma frase de Goethe, a última, que exprimirei o motor da experiência analítica, com as tão conhecidas palavras que ele pronunciou antes de afundar, de olhos abertos, no buraco negro: *Mehr Licht!* ("Mais luz!").

Do símbolo e de sua função religiosa

Rev. pe. Bruno: Todos vocês conhecem a competência, a alta competência do dr. Lacan, já que ele esteve à frente de toda a psicanálise na França, e acredito que todo o mundo o tem como referência sobre tudo o que vive e existe agora em nosso país a esse respeito. Ele fará agora sua conferência, que prometeu hoje de manhã e da qual já pudemos ter um aperitivo em suas intervenções. Vamos começar de imediato, porque creio que a tarde está muito cheia.

Dr. Laforgue, presidente da sessão: Então, meu amigo Lacan vai dedicar sua arte e seu talento a tudo o que um psicanalista pode dizer sobre o simbolismo em geral. Ao menos, foi o que ele acabou de me dizer e eu lhe passo a palavra.

JL: Tudo o que um psicanalista pode dizer sobre o simbolismo, em geral ou em particular, isso nos levaria muito longe! Porque ele, o psicanalista, sabe umas tantas coisas sobre o simbolismo! Sabe muito, sabe até demais para conseguir se localizar aí tão facilmente. Tanto é que num primeiro título desta palestra eu tinha me limitado a falar da eficácia simbólica na psicanálise.

Muito bem, não pensem que será disso que tratarei hoje. Desisti já faz um mês e meio, quando o padre Bruno, a quem devo a honra de estar aqui diante de vocês, observou que, afinal, esta reunião girava em torno de são João da Cruz. Creio, de fato, que é preciso dar um centro, conforme à inspiração que nos reúne para o que vou lhes dizer. Portanto, vou falar em suma do que um psicanalista que tentou meditar sobre sua experiência pode dizer do símbolo, em relação com a sua função religiosa.

Por que hesitar em dizê-lo? É uma palavra em si bastante bonita, e estamos num meio em que não vejo por que hesitaríamos em pronunciá-la, tanto mais que ela designa o caráter relacional do símbolo.

De fato, lembro que o símbolo talvez tenha essencialmente um valor de relação – atenho-me de propósito a esse termo genérico – de sujeito para sujeito. É certo que outros aqui, Laforgue em particular, fizeram-no intervir de outro ponto de vista, sublinhando que, em razão da função do conflito social, o símbolo pode ser uma criptolinguagem. Não foi este o termo que ele empregou, estou interpretando o pensamento dele, traduzindo-o, acho que foi o que meu colega quis dizer.

Foi, por outro lado, sua função de linguagem propriamente dita que o sr. Mircea Eliade evocou a propósito do símbolo – porque dizer que é uma pré-linguagem, caro sr. Mircea Eliade, quer dizer muito exatamente que isso exerce a função da linguagem. O símbolo para os australianos, ainda é metafísica! Saibam-no eles ou não, assim como o sr. Jourdain fazia prosa sem saber. Esse é o nosso ponto de vista de psicanalista, e ele nos interessa muitíssimo!

Logo, coloca-se uma questão a propósito do símbolo, a de saber qual é sua função relacional. É uma espécie de enigma.

A definição do símbolo que o padre Lucien nos deu inicialmente na sua exposição me parece ser realmente o melhor ponto de partida que se podia tomar a respeito disso. Ele lembrou que uma das definições oficiais, concretas da palavra "símbolo" na língua grega remete à téssera quebrada cuja reunião constitui justamente o que estamos buscando, o valor relacional do símbolo.

Se aquelas duas metades permaneceram separadas na exposição do padre Lucien, para nos deixar admirar sua reunião, foi precisamente porque ele partiu da noção de experiência pessoal. Qualquer ponto de partida serve, e por que é que este não se justificaria em se tratando de uma experiência, se não tão pessoal, ao menos tão isolada do mundo como é a experiência mística? Tendo partido da função de expressão pessoal do símbolo, o padre Lucien não podia deixar de acrescentar, no meio de sua exposição, que o símbolo se encontra em toda parte e com o mesmo sentido.

Estou parando na borda de certas palavras, tenho no entanto que transpor o passo e falar, por que não, do valor universal do símbolo.

Mas é preciso destacar que, ao introduzir a noção de universal, introduzimos uma ambigüidade. Dizer que o símbolo é universal é um dado de fato, mas é também dizer que ele é universalizante, ou seja, que ele constitui, como tal, um universo.

Vejam que já estamos no centro de gravidade do tema. Tenho a impressão de que é preciso fazer um esforço para se conter e não ir até ele imediatamente, que é preciso segurar firme, pois escorregamos irresistivelmente para todo lado. Se nos contermos é para ter o tempo de nos reconhecermos ali, pois, seja qual for a borda desde a qual tomemos a experiência do símbolo, é sempre da noção de reunião que se trata, no final das contas.

Por outro lado, se há de fato uma coisa onde a função criadora, fundadora do símbolo se mostra, essa coisa é a fala. É muito curioso que esse termo não tenha sido mais proferido aqui que alguns outros.

Trata-se da fala precisamente na medida em que ela estabelece e funda entre os sujeitos uma relação que, justamente, não toma os dois sujeitos tal como são, para reuni-los. Ela os constitui como sujeitos na própria relação que os faz ter acesso a uma nova dimensão. A função fundadora da fala na relação inter-humana me parece ter sido, afinal, negligenciada. No entanto, ela é tão essencial para nosso problema que foi por não ter reconhecido a originalidade, diria eu, absoluta do nível em que ela funciona que nos encontramos ante todo tipo de ambigüidades.

Disseram-me há pouco que eu estava falando do "social". De jeito nenhum! O social está marcado pela função da fala, ela está impressa nele. Existem outros sociais perfeitamente convenientes, uma porção de sociais animais que faz algum tempo têm nos interessado muito, em que não há fala.

O mesmo se aplica ao uso da noção de inconsciente como coletivo.

Proclamo-o diante do público que me ouve, desafio alguém a me dizer o que quer dizer inconsciente coletivo. Quanto a mim, não sei absolutamente nada sobre isso, a não ser defini-lo como o discurso sem significação, o *flatus vocis*, o som e a fúria das palavras humanas, o discurso insensato na medida em que une, em sua vibração geral, aqueles que são seu suporte.

No conjunto, a coletividade não sabe o que diz e, na verdade, passamos muito bem sem isso. O discurso conserva um valor, independentemente de qualquer sentido assumido. Como disse em algum lugar Mallarmé, "o discurso humano é algo parecido com aquela moeda com a imagem apagada que passamos de mão em mão". E isso serve para algo. Serve para a gente não se agarrar pelos cabelos, não se cortar o pescoço todas as vezes! Jogamos conversa fora e, graças a isso, Deus do céu, a gente parece se entender, o que já é suficiente.

O inconsciente coletivo, digamos assim, é isso, é o que todo o mundo conta, histórias de visconde,* não é mesmo?! Fora isso, não sei absolutamente o que isso quer dizer.

Desobstruída essa passagem, podemos levantar a questão de saber o que é a fala.

A primeira coisa a notar é o que a fala, em sua função simbólica, introduz no mundo.

Tornamos pois à noção de mundo a partir da fala. Antes da fala, não temos coisa nenhu-

*Referência a uma famosa canção de Ray Ventura, "Quand un vicomte", cuja letra diz: "Quando um visconde encontra outro visconde, o que eles contam? Histórias de visconde. Quando uma marquesa encontra outra marquesa, o que elas dizem? Histórias de marquesa...". [N.T.]

ma, é o nada, o caos e o espírito de Deus talvez flutuando sobre as águas – mas não estamos em comunicação com Ele! A partir da fala, surge algo no mundo que é novo e que introduz nele transformações poderosas.

Isso, nós sabemos. Só que, faz algum tempo, imaginamos que essa espécie de rebuliço que introduzimos no mundo é a ação. Todo homem moderno tem o coração atormentado por esse problema: "No começo, era o Verbo", mas, assim mesmo, "No começo, era a ação"! Entre ambos, seu coração balança. Ele realmente não precisa se atormentar tanto, pelo motivo de que a ação humana por excelência é precisamente a fala.

Naturalmente, para ajudar a nos situar na ordem das verdades metafísicas, sempre houve, em todos os tempos, algum desses diversos humanismos cintilantes e sedutores que nos trazem de volta o bom selvagem, o bruto. Vemos assim Leenhardt ir buscar muito, muito longe, pelas bandas dos canaques, o homem apropriado para nos lembrar que a ação e a fala são para ele a mesma coisa, que fabricar um pequeno instrumento de pesca de uma forma especial é para ele uma fala.

O que isso quer dizer? É bem verdade que o que ele sabe não é realmente distinto do que ele faz, mas será preciso ir tão longe para saber que a ação e a fala são a mesma coisa – quando isso é evidente cada vez que fazemos alguma coisa e que nosso saber é idêntico à nossa ação?

Só que uma coisa é saber o que se faz, e outra, parar para sabê-lo. Nesse momento, somos tomados pela vertigem e faz-se a distinção entre o saber e a ação. Ora, Deus sabe que, justamente, quanto mais humana é uma ação, mais ela está integrada à função da fala e mais essa parada é fonte de vertigem mortal.

Não me constrange dizê-lo porque faço parte da curiosa *Out-La* dos psicanalistas. Ora, o drama da psicanálise é ser uma ação humana tão fundadora, tão integrada à própria ação da fala que ela comporta uma responsabilidade suprema, total, quase intolerável para aqueles que são seu suporte.

Nisso é que dá vocês ouvirem hoje, de minha parte, um discurso improvisado. Não porque me submeta de bom grado a uma experiência perigosa; simplesmente, se não pude ou não consegui preparar nada para lhes dizer exceto o que me ocorre nesta oportunidade, foi devido a um assunto que tem absorvido meus dias e minhas noites nos últimos tempos: o das variantes do tratamento psicanalítico. Isso significa, muito precisamente, que, nessa espécie de vertigem em que se mantém o psicanalista com relação à sua ação, ele tem, diria eu, tanta fome de saber o que faz que, para não perder o rumo, pensa tão-somente em fazer sempre formalmente a mesma coisa.

Santo Agostinho, que lemos de tempos em tempos, que relemos às vezes, que vamos buscar nos lugares certos quando temos boas dicas, já fez observações de valor inestimável sobre a fala, sublinhando seu valor de signo, mas ele despreza (na ocasião) coisas que não são menos preciosas. Vocês estariam totalmente equivocados se pensassem que a fala é feita para servir de signo, quando, na sua essência, ela tem por função operar precisamente aquilo de que o padre Lucien partiu agora há pouco: o reconhecimento do sujeito pelo sujeito.

É só o que digo. Não disse "o homem", porque eu não sei muito bem o que é isso.

A fala é função de reconhecimento, e é no interior dessa função que ela opera para categorizar, polarizar, ordenar. Atrai para si funções de conhecimento que são de outra natureza, mas que são penetradas até o fundo por sua função de reconhecimento.

A fala se ordena na dimensão da verdade, na medida em que a verdade é uma coisa e a realidade, outra. A fala introduz uma dimensão diferente na realidade, que é a da verdade.

Quando acontece de essa verdade concernir a objetos que interessam a todos e que aparecem, em seu momento, como meios na função de reconhecimento, trata-se então de verificar a fala nas coisas. Se refletirem sobre isso, a verificação da fala tem apenas dois modos possíveis, ou bem a continuação do discurso, na medida em que a fala pode estar em contradição consigo mesma, ou então o que chamamos comumente de experiência.

Acreditamos facilmente que, na experiência, manipulamos verdadeiramente o real. Costumamos fabricar metáforas em que nos transformamos em seres providos de todo tipo de palmas, que dão a volta no tronco das árvores e nas pedras, farejando-as, como se, às apalpadelas, como os animais, seguíssemos a pista da verdade para perceber o que é o real. Apelo aqui, não aos experimentalistas, que se batem pela teoria, mas aos experimentadores. Eles sabem muito bem que não podem verificar nada na experiência antes que tenham podido dar às coisas um alcance significativo, isto é, antes de aí escolher previamente as balizas, assim alçadas à função de signos.

Como tal, a função humana introduz no mundo uma grande perturbação fundamental, que é um novo registro, uma nova ordem, a da fala e da verdade, que penetra até sua intimidade toda a nossa apreensão do real.

Isso não quer dizer que seja a mesma coisa! O simbólico está aqui *[tapa na mesa]* e o real está aqui *[tapa na mesa]*, e o homem está no meio *[tapa na mesa, seguido de um silêncio]*.

É preciso certo gênio, devo dizer, para encontrar nas coisas esses pontos de enganche que se chamam signos. Não estou de forma nenhuma depreciando isso, hein! Nós, médicos, sabemos que descobrir um novo signo, dar certo valor a uma coceirinha na planta do pé, perceber que um estertor crepitante não é um estertor subcrepitante não é para qualquer um! Há nisso uma arte, que remete a uma certa *signatura rerum*, a uma certa relação do homem com a natureza, pode ser, uma certa relação de conaturalidade, concordo, do homem com o conjunto do real. Mas é preciso colocá-lo no seu devido lugar e saber que isso *[um tapa na mesa]* é uma história e que *[outro tapa dado na mesa]* o símbolo é outra coisa.

Espero que estejam me acompanhando. Se não estiverem me acompanhando, se por acaso houver pessoas para quem isso parece abstrato demais, tentarei ser mais claro dando um exemplo. O que mostra o que uma fala é, essencialmente, é a palavra dada.

A palavra dada, propus um dia a um de meus alunos, aqui presente, que me desse sua tradução latina. Ele não o fez. Disse-lhe então que não lhe daria a resposta de imediato. Espero que a tenha encontrado desde então, ou então ele não foi capaz de encontrá-la. Pois bem, é *fides*.

Isso nos leva bastante longe e espero que provoque aqui repercussões côngruas.

A palavra dada é por exemplo essa coisa absolutamente insensata constituída pelo ato delirante que consiste em dizer a uma mulher, esse ser que curiosamente flutua na superfície da criação, "Você é minha mulher".

Imaginem só! Todos vocês aqui, assim espero, são bastante adultos para avaliar o caráter inverossímil desse salto no escuro que, no entanto, é dado todos os dias, numa inconsciência, graças a Deus, completa! *[Risos.]* O símbolo está aí.

Vocês não conseguirão sair dessa se procurarem reduzir isso ao esquema moderno do que chamam de ciência da comunicação, que se caracteriza principalmente pelo estudo, no campo do verbal, do que muito precisamente não comunica nada. É totalmente impossível dar um lugar para a fala "Você é minha mulher" na ciência da comunicação. Mas seria aberrante desconsiderar por isso que essa é uma das falas mais importantes que se possa pronunciar.

Estou aqui num recinto onde alguns pronunciam, ou vão pronunciar, algumas palavras de compromisso essenciais que têm exatamente a mesma densidade. Estariam enganados aqueles que achassem que isso é algo místico, contingente, acidental, que surgiria de uma idéia objetiva, de um dado de propensão, ou mesmo de uma propensão natural, coisas estas que sem dúvida existem, mas é evidentemente outra coisa.

Vocês devem estar pensando: "Este moço é realmente muito gentil de nos contar tudo isso, mas, afinal, ele o faz em nome de quê? Que autoridade ele tem para vir nos lembrar verdades primeiras, para as quais devemos estender, como diz Courteline* *[falta]*?" Vou lhes dizer o que me autoriza.

No mundo em que vivemos, conseguimos fazer falar tantas coisas! Como conseguimos? Justamente graças ao mecanismo que lhes sugeri há pouco, pelas perguntas que fazemos a elas. Claro que esquecemos que somos nós quem as fazemos. Todas as coisas falam, e estamos inclusive vendo, faz algum tempo, um pequeno frêmito lá no fundo dos átomos, essas curiosas coisas cujos nomes se multiplicam: nêutrons, mésons etc. Tudo isso sonha em responder às nossas perguntas, loucamente até! E, com isso, começamos a esquecer que quem tem a fala somos nós.

Digo "nós a temos", não digo "nós a somos". Toda a questão reside aí, tornarei a isso daqui a pouco.

---

*Referência à frase de Georges Courteline (1858-1929), escritor e dramaturgo francês: "*Il pleut des vérités premières – Tendons nos rouges tabliers*" [Chovem verdades primeiras – estendamos nossos aventais vermelhos]. (N.T.)

Temos a fala, e não digo que não pensamos nisso, pois pensamos, muito até, mas tendemos a reduzir sua importância. "São só palavras", dizemos, "continue falando." Eis uma frase característica do clima científico contemporâneo, ou mesmo, se forçarmos um pouco, do lado cientificista pelo qual tendemos a tomar as coisas. Isso sem dúvida só diz respeito a um mundo bem limitado, mas nem por isso deixa de ter todo tipo de conseqüências, entre as quais, precisamente, o esquecimento do alcance da fala.

Seria interessante, num meio como este, que eu lhes relatasse depoimentos provenientes dos colóquios privados, muito privados, muito particulares, que às vezes tenho com pessoas que vestem o hábito que a maioria de vocês usa aqui. Devo lhes dizer que certas vezes ouvi de algumas delas declarações surpreendentes sobre sua tendência no debate entre a fala e a ação.

A um desses rapazes cheios de ardor que estão no caminho da vocação, fui levado incidentalmente a fazer notar, no âmbito de algo que se parecia com uma análise, que na vocação há, afinal, o que a palavra indica, uma chamada a ser escutada, uma fala, tão secreta quanto quiserem, mas enfim uma fala.

Aquele rapaz, que tinha adquirido por mim, devo dizer, uma estima exagerada, pareceu surpreso com esse comentário e viu nisso um estigma de idealismo, como que uma evasão. "Afinal", disse-me ele, "uma fala só vale pelo que a ela se segue, pelo que o sanciona." Depois, de pouquinho em pouquinho – vou entrar em assuntos delicados, padre Bruno, o senhor me permite? Sim? –, acabou me dizendo que a prova da divindade de Cristo tinha se localizado, para ele, estritamente no fato de sua morte e ressurreição.

Não sei o que dirão os mestres em teologia aqui presentes, mas se resgato essa lembrança tanto mais viva porque está fresca em minha memória talvez seja também para que eles me respondam. A impressão que tenho é que, se fizéssemos deuses de todas as pessoas que ressuscitaram, onde iríamos parar? Por isso é que somos lembrados o tempo todo no texto do Evangelho que a morte e a ressurreição de que se trata ocorreram "segundo o que estava prescrito nas Escrituras".

Estamos longe da atmosfera contemporânea! Aqui, precisamente, é onde reside o valor de testemunho do que o psicanalista representa. Se a descoberta de Freud faz algum sentido, só pode ser um. Quando o homem esquece que é portador da fala, ele já não fala. É efetivamente o que acontece: a maioria das pessoas não fala, elas repetem, não é exatamente a mesma coisa. Quando o homem já não fala, ele é falado.

O que isso quer dizer? Diferentemente dos sintomas que evoquei há pouco, como se estivesse fazendo uns floreios de passagem enquanto preparava meu temazinho, o sintoma neurótico não é um signo, é uma fala, estruturada como uma linguagem, com estas duas funções essenciais, o significante – ou seja, o suporte material, o vocábulo que estou emitindo sob a forma articulada, silábica pela qual me faço entender – na sua relação com a significação.

O sintoma é, na ordem científica, uma coisa única, na medida em que é sobredeterminado. No mundo humano há uma única coisa sobredeterminada além do sintoma freudiano, é a linguagem, pois ela comporta duas cadeias paralelas, que são o sentido e a forma. De um lado, há a gramática, as leis da retórica e, de outro, o que você quer dizer, o emprego das palavras, e depois a significação única de cada frase. Vocês encontram no sintoma essa duplicidade essencial.

Essa duplicidade, quando olhamos para ela com óculos embaçados ou simplesmente com um olhar um pouco míope, nós a chamamos vez por outra "ambivalência". Como vocês sabem, usa-se e abusa-se desse termo e essa é uma das maiores fontes de confusão existente nesse honrado conjunto de saber que é a psicanálise.

O sintoma como tal é uma linguagem definida por sua estrutura. O sintoma de um sujeito particular é uma fala, fala amordaçada, inconsciente para o sujeito. O modo de abordagem psicanalítico consiste em elaborá-lo pela particularidade da história desse sujeito, e é sobre isso que é preciso se deter para conhecer tanto o sentido como os limites da ação analítica.

"Uma fala inconsciente", ouvimos dizer. Também aí intervêm todas as ambigüidades psicológicas. Não se trata do caráter negativo: "Isso não é consciente" *[tapa dado na mesa]*. O que o maldito homem que introduziu essa palavra no negócio quis dizer com "inconsciente" é que o sujeito falante, enquanto falante, ultrapassa e extrapola em muito o sujeito consciente. Porque o sujeito fala, ainda que não saiba absolutamente nada sobre isso, com ele todo, com sua pele, com sua carne, com seu modo de tropeçar, de cometer um lapso de língua, com sua forma de se comportar na vida para que tudo sempre acabe mal. Esse é o sentido, o único sentido que pode ter o que Freud chama de "pensamentos inconscientes".

Aliás, as formulações paradoxais de Freud são muitas vezes tão desconcertantes à primeira vista que foram rejeitadas de começo, para depois, como muitas vezes acontece com as coisas que são rejeitadas de começo, serem em seguida aceitas, exatamente como tinham sido rejeitadas, ou seja, sem que se tenha entendido absolutamente nada. *[Risos.]*

Não basta aceitar uma coisa para entendê-la, não é? Digo mais, é até a melhor maneira de não entender nada. Depois de ter resolvido aceitar, ficamos desobrigados de qualquer exame! *[Risos.]*

Isso é o que quer dizer que o sintoma é uma fala.

[Dirigindo-se ao presidente da sessão:] Quanto ainda tenho para terminar e encerrar este discurso? Quanto você me dá?

Dr. Laforgue: Você disse um bocado de coisas.

JL: Ainda assim tenho de dizer algumas para encerrar!

Dr. Laforgue: Você falou da linguagem, do sintoma e do sofrimento...

JL: É simples, quanto tempo você me dá agora?

Dr. Laforgue: Cinco minutos!

JL: Não, me dê dez! *[Risos.]*

Quero falar de um dos problemas ignorados no exame das dimensões do símbolo.

O símbolo existe dentro do seu mundo de símbolos. Não poderia existir sozinho. Não há *um* símbolo. O símbolo só subsiste como tal num sistema.

Qualquer abordagem das questões que se colocam do ponto de vista da lógica matemática sobre a natureza do número deveria abrir os olhos para isso. Espero que aqueles dentre vocês que se interessam por esse tema tenham tomado consciência de que não é possível qualquer dedução empírica da noção de número. Não vou reproduzir essa demonstração no quadro-negro, rogo que a tomem como certa, pois está estabelecida para todos aqueles que sabem do que falam em matemática.

Com isso, chegamos ao cerne do nosso problema do símbolo, já que o número é o símbolo por excelência. Menciono-lhes de passagem que é o único ponto em que o significante e o significado vêm se juntar de um modo tão curioso que se tornam, estritamente falando, indiscerníveis.

A sistemática do universo do símbolo é, portanto, um elemento absolutamente essencial para nosso tema. O universo simbólico existe primeiro, e o universo real vem se instalar no seu interior.

A palavra "real" sem dúvida coloca muitas questões, mas vou deixá-las de lado para lhes falar de uma outra palavra, o "homem".

As pessoas enchem a boca para falar do problema do homem. É uma palavra que eu preferiria não ouvir pronunciar muito, porque também nesse caso as pessoas se gabam, galhofam e dizem: "O homem! Estamos cuidando do homem!" Bem. Mas, afinal, quem cuida do homem não pode deixar de refletir que é muito importante que a vida sofredora dele venha testemunhar espontaneamente algo a que se terá alguma hora de chamar pelo nome e que se chama como? Pois bem, meu Deus, a Lei, com L maiúsculo.

São banalidades para quem sabe ler o texto de Freud tirando os óculos, porque a primeira coisa que ele trouxe à flor do dia foi a função da censura. Mesmo que fosse apenas uma metáfora, ela deve ter seu alcance.

Na linguagem está cheio e, então, pára-se por aí *[tapa na mesa]*. Impossível ir em frente no sentido da fala! Pelo menos, a fala se inflecte, se torce de certo modo. Isso decorre de quê? Muito provavelmente das necessidades do símbolo.

Foi isso o que foi encontrado sob o nome de Lei primitiva. Ela costuma ser identificada, não sem confusão às vezes, com a famosa história do incesto. Se formos na direção do que aparece no chamado exame etnográfico, diremos que são as estruturas elementares do parentesco.

Trata-se de uma espécie de falha, percebida em algum lugar, entre a "natureza" e o que se chama educadamente "cultura". Aí é onde se dá a introdução da Lei, a lei – tão mineral – da fala.

Resta uma grande questão, a do equívoco em torno da imagem.

Nossas tendências analógicas, nossos arquétipos, tudo o que nos dá a sensação de que o símbolo é uma coisa que já está aí e que nos chama, uma espécie de pré-formação na natureza de não sei que ordem, que se exalça pouco a pouco, tudo isso tem algo de confusional. Permitimo-nos interpretar tudo no mesmo plano.

Claro, o mundo da imagem existe, mas só nos interessa por sua utilização simbólica, na medida em que é tomado no universo do símbolo e ali cumpre uma função.

O fato de são João da Cruz falar da água, assim como dela também fala o mágico xamanista, não dá margem a qualquer espécie de sentido que permita relacioná-los como se fosse algo da mesma ordem. Quando são João da Cruz faz uso da água para exprimir algo de certa ordem, como também faz uso da palavra "Pai" ou da palavra "Filho", faz dela um uso simbólico. Não há motivo algum para que a identidade material dos dois suportes imaginários sirva para algo de idêntico em que se resumiria a radiação própria do símbolo. Crer nisso é uma das fontes de confusão, que perverte ao máximo tudo o que se possa dizer do símbolo.

É isso o que distingue, da maneira mais decisiva e aguda, a doutrina de Jung da de Freud. Não vou desenvolvê-lo agora, pois não quero concluir com uma questão que diz respeito à minha especialidade, e sim com o tema que nos reuniu aqui.

Explicaram-nos há pouco o uso do símbolo em são João da Cruz, dizendo que ele era ambivalente. Isso queria simplesmente dizer que, quando ele fala da noite, está evidentemente pensando no dia. De fato, um uso simbólico da noite só pode ser feito tendo por referência o que há de oposto, o dia. É a própria natureza da linguagem que quer assim e não é preciso recorrer a uma experiência crepuscular qualquer para uni-los. A oposição deles é que constitui seu valor simbólico.

Devido à falta de tempo a que aludi há pouco, pensei comigo que podia vir aqui sem preparar nada, mas que não podia vir sem ter reaberto são João da Cruz. Por isso reli *A noite escura* e lhes contarei minha impressão.

Minha impressão é que o simbolismo desempenha ali um papel muito pequeno. Vou tentar demonstrá-lo.

Talvez seja em relação a isso que eu mais lamente o fato de o padre Lucien só nos ter trazido um termo tão incerto quanto é o termo "pessoal", pois desse famoso "eu" nós nos ocupamos bastante em psicanálise.

Claro, não somos apóstolos, e vocês sabem disso! Nós, psicanalistas, não somos uma espécie de grandes gerações de ascetas modernos que vêm abrir os olhos dos homens para o caráter fundamentalmente ilusório das paixões. No entanto, dissemos coisas terríveis sobre o eu! Claro que ninguém as ouve, mas não creiam que somos sentimentais! Somos pessoas que perceberam muito bem o caráter puramente narcísico da grande, da imensa maioria das paixões ditas amorosas! Conhecemos isso, estamos dentro disso, a gente passeia dentro disso! *[Risos.]*

Naturalmente, é muito, muito difícil se fazer entender, mas não creiam que o eu seja objeto de toda a nossa ternura! Claro, faz algum tempo que algumas pessoas vêm tentando recuperá-lo, mas acho que elas estão justamente começando a sair da tradição analítica.

Bem sei que são João da Cruz viveu numa época muito ambígua em que o eu entrou na teologia de vento em popa. Quando o sr. Fénelon trata explicitamente de Deus, o eu é realmente o outro pólo, o outro prato da balança. É de se crer que haja ali alguma fascinação pelo eu. No entanto, tudo indica, ao contrário, que a porta de entrada da experiência mística seja muito precisamente a extinção completa, radical até suas últimas raízes, de todas as paixões do amor próprio.

O que resta, então? Evidentemente algo que temos de buscar na ordem da unicidade de uma existência. Não me alongarei mais sobre isso hoje, mas é certo que aquilo de que se trata é a ordem do ser. Depois de nos ter demonstrado tanto que o homem é o suporte da fala e que esta o arrasta para os lugares mais inesperados e nos quais ele é mais desigual, a gente acaba se perguntando onde está o essencial. É o ser, enfim!

O modo como o homem constitui seu ser na fala é todo um problema, pois o ser extrapola a ordem da fala.

Isso é algo que se sabia desde o começo, pois o sr. Parmênides veio nos lembrar que "o ser é, o nada não é". Dito isto, não há mais nada a dizer. Somente a partir daí é que começa o discurso, ou seja, o domínio do símbolo. Se do ser se pode falar é justamente na medida em que ele não é quando você fala, e se do não-ser se pode falar é justamente porque você o faz ser por sua fala. Porém, precisamente, não é disso que se trata. Trata-se do ser particular de são João da Cruz e de sua relação com o Ser supremo. Aqui, estamos além do domínio da fala e do símbolo.

Nessa *Noite escura*, cujas estrofes admiráveis nos lembraram hoje de manhã, que símbolos encontramos? Afora o da "noite", vejo os símbolos de "secreta escada" e de "disfarce". Reflitam que mesmo as três virtudes teologais não são aqui senão "disfarces da alma".

A Fé, o senhor nos lembrou agora há pouco, padre Lucien, não é simplesmente enunciar os objetos da Fé, pois, incoativamente, há o pacto na Fé. Ora, o senhor define a palavra [*parole*] como eu a defino: a palavra é em si mesma o pacto. É a própria questão abordada pelo sr. Massignon por intermédio de Al-Hallaj, em torno do Alcorão: a palavra é criada ou incriada? Na Fé, a dimensão da palavra está presente, tal como na esperança e na caridade. Não falaremos hoje da caridade, embora seja uma das dimensões de nosso problema e ajudaria a expressá-lo bem.

"Disfarces da alma", o que isso quer dizer, senão que em toda a sua análise da Subida, ou na sua descrição desse encontro, como queiram, são João da Cruz nos indica que é necessária uma espécie de contorção para se evadir do mundo do símbolo. Repito: mesmo a ordem essencialmente simbólica das três virtudes teologais é momentaneamente considerada como a capa sob a qual se esconde a última essência, que tem por objeto a união inefável com a divindade. Esses são símbolos de evasão do símbolo.

Eis em que sentido entendo que existem registros simbólicos nos textos de são João da Cruz que vocês evocaram.

Ao lembrar a dimensão essencial do problema, ao evocar o que se relaciona com a questão particular desta reunião, ao lhes falar da Fé, creio ter feito o suficiente para esperar agora, ou bem imprecações, ou maldições, ou perguntas que me possam ser feitas. *[Fortes aplausos.]*

DISCUSSÃO

Dr. Laforgue: Nosso amigo Lacan fez mais que falar do símbolo, ele falou da palavra e falou da dificuldade já mencionada hoje de manhã por Bazin, dificuldade particularmente grande para os franceses, que sempre precisam pôr uma vela em algum lugar, porque sem vela eles se sentem perdidos, não têm mais nada para se agarrar firme. A dificuldade de abordar o símbolo, de compreendê-lo, deve-se em parte ao fato de que o símbolo é uma linguagem despersonalizada *[tapa na mesa]*, ou seja, que para chegar a compreendê-lo é preciso, em certa medida, abandonar o eu, com as noções correntes e o simbolismo corrente da linguagem, e ir para a noite. E a noite é, de certo modo, a morte para o eu, é a união com outra coisa, é a transcendência, isso mete medo. Lacan nos falou hoje desse medo que oprime o cientista que tenta abordar essa questão no plano racional. Não quero me estender mais, mas achei útil trazer esse esclarecimento a tudo o que ele nos disse. Pergunto agora: quem quer tomar a palavra para responder a Lacan?

[Silêncio.]

JL: Alguém vai ter de se arriscar!

Dr. Laforgue: Senhor Eliade?

Mircea Eliade: Gostaria de fazer uma pergunta ao sr. Lacan. Está muito correto dizer que o simbolismo é uma linguagem, porque é uma expressão. Mas o senhor também diz "fala"*.

JL: Não é a mesma coisa!

Mircea Eliade: Exatamente, não é a mesma coisa! Acho que o senhor tem razão quando diz: "O simbolismo é uma linguagem." É uma linguagem – concordo! –, assim como a matemática é uma linguagem, como a música é uma linguagem, como a arquitetura é uma linguagem. Mas se o senhor diz "fala", "símbolo", "simbolismo", fico um pouco surpreso, porque me deparo com culturas com um vocabulário restrito, com uma gramática elementar e com um simbolismo de uma riqueza metafísica extraordinária! Nelas, o símbolo não é redundante em relação à fala. Nas línguas jônicas não existe expressão nem para o "ser", nem para o "não-ser", nem para o "devir", mas existem normas simbólicas, uma ontologia do ser. Isso mostra claramente que o

*No debate que se segue, irá se tratar sempre de *parole*, traduzido ora por palavra, ora por fala, conforme o contexto. (N.T.)

simbolismo é uma linguagem, mas que não é a fala, da qual o senhor fez uma análise admirável. Esse tipo de fala é, diretamente, o símbolo.

Os documentos são ainda mais preciosos, porque há neles imagens, a da espiral por exemplo. Há um simbolismo ligado à espiral, a totalidade de imagem da espiral é *in nuce* um símbolo do "devir". Então, como etnólogo acho perigoso fazer equivalerem-se, como o senhor faz tão bem, fala e simbolismo. Num certo nível de cultura, a linguagem articulada tem sua função, mas o simbolismo a precede.

JL: Sim, mas ouça! Estamos partindo aqui de uma experiência concreta, como se diz, e eminentemente qualificada humanamente falando, a de são João da Cruz, e se trata de saber que função o símbolo cumpre nela. A palavra dele é das mais autênticas e no entanto tenta nos explicar como a unidade do ser pode sair do plano do símbolo. Gostaria que o senhor entendesse isso. Eu não disse que a fala e o símbolo são a mesma coisa. Tanto não os confundo que disse que o símbolo, sob a forma em que nós, psicanalistas, o vemos encarnado, no sentido próprio do termo, tem no sujeito falante o sentido de uma espécie de fala passiva.

Tanto isso é verdade que essa fala traz habitualmente a marca de todas as falas concretas, de todos os vínculos de história e de parentesco, de todo o discurso vivido que determinou o nascimento do sujeito. Como o senhor não ignora, nascemos tanto das palavras quanto do simples acasalamento de nossos pais, e as palavras pronunciadas pelo mediador têm nisso, por assim dizer, um papel igualmente genésico. Isso vai até o ponto de se refletir no que chamamos de o inconsciente do sujeito, isto é, nos seus sintomas, em outros termos, na doença que fala, no buraco, por assim dizer, na fragilidade fisiológica que lhe permite estar integrada nessa fala.

O sintoma, chegamos a resolvê-lo, graças a Deus, quando temos alguma sorte e conseguimos permanecer no nível da fala autêntica. O sintoma é, em si mesmo, fala, na medida em que é algo do discurso concreto, nos limites igualmente concretos do sujeito. Ele o prova sendo aquilo de que o sujeito padece na sua carne mesma, embora não esteja ao alcance de sua consciência, nem ao alcance de seu discurso. Ainda assim é uma fala, porque é uma linguagem assumida por um sujeito. Nisso consiste a diferença entre a fala e a linguagem.

Enquanto etnógrafo, o senhor me fala do fato de ver símbolos sozinhos, assim. Mas, afinal, como o senhor sabe o sentido deles? Porque os sujeitos ali presentes lhe explicam. *[Aquiescência do interessado.]* O interessante não é isso! Afinal de contas, eles talvez lhe expliquem para agradá-lo. O perigo é sempre esse, o senhor mesmo sabe disso, e vocês passam o tempo, como os psicanalistas, recriminado-se uns aos outros por terem se deixado ludibriar. De todo modo, no conjunto, temos de fato a impressão de que isso desempenha um papel essencial na regulação da vida intersubjetiva deles.

Não falamos hoje do que se deveria entender por "intersubjetividade" e "intrasubjetividade", mas é certo que, se representássemos isso por meio de círculos, eles teriam partes comuns. Até certo ponto, Mircea Eliade, posso considerar que parte da sua subjetividade já faz parte da minha *[aquiescência do interessado]* na medida em que estamos dialogando. Trata-se de saber o que o senhor quer dizer ao dizer que o símbolo ultrapassa totalmente a fala. Por mais primitivos que sejam, se eles têm realmente a função simbólica, como é indubitável que tenham, participam das categorias do ser e do devir exatamente como nós. Para mim, não acredito nem um pouco na diferença entre primitivo e civilizado. Acho que o ser e o devir cabem no bolso de qualquer um. É o que o senhor nos diz ao nos mostrar que uma espiral tem para eles o mesmo sentido que "devir" para nós, não é?

Mircea Eliade: Sim, mas então eu diria "expressão" em vez de "fala".

JL: Ah, mas não falei de expressão nem um instante sequer!

Mircea Eliade: Mas disse que o sintoma é falado, o objeto falado, nisso o senhor lembrou alguns termos de Freud, o senhor disse que era o *Es* de Freud.

JL: Não, não, não, eu disse: "Ele não é."

Mircea Eliade: O senhor disse que, no caso da psicanálise, o homem é falado pelo sintoma.

JL: Não, não! Disse que no sintoma, no fato do sintoma, pode-se considerar que o homem é falado.

Mircea Eliade: Pode-se considerar que o homem é falado, mas...

JL: No sintoma, o homem não é o agente da fala, é isso o que isso quer dizer.

Mircea Eliade: ... todo fenômeno cósmico também é falado, então ele exprime algo. O senhor justamente disse agora há pouco, o dia e a noite, não foi? Como fenômenos, eles...

JL: Sim!

Mircea Eliade: ... são falados.

JL: Sim, não tenho ressalva a fazer, mas na verdade o que o senhor diz tem um único valor, o de supor uma subjetividade cósmica. Pessoalmente, não tenho nem acesso a ela nem preferência por ela, não a suponho. Mas o senhor dirá que o fato de eu não a supor acarreta dificuldades metafísicas tão insuperáveis quanto supô-la.

Mircea Eliade: O homem arcaico considera que o Cosmo fala. É exatamente como para vocês, analistas, o objeto falado. Então, para um homem arcaico, assim como para o místico, o Cosmo...

JL, interrompendo com veemência: Espere aí! Espere aí! Espere aí!

Mircea Eliade: Espero! Espero!

JL: O senhor disse "assim como para o místico". Não é nem um pouco certo que para são João da Cruz o Cosmo falasse. São distinções muito importantes que devemos introduzir aqui *[aquiescência de Mircea Eliade]*, porque a função do simbolismo em são João da Cruz, o senhor vai buscar a chave dela em Jung *[desmentidos do mesmo]*. O senhor conclui que são João da Cruz, assim como Jung, acreditava que o Cosmo fala. Ele não o diz, mas, segundo o senhor, tudo o que ele diz implica, afinal de contas, que o Cosmo fala.

Mircea Eliade: Os arcaicos pensavam que o Cosmo fala, inclusive na linguagem.

JL: Escute, para uma abordagem metódica dessas coisas, teríamos de eliminar alguns termos. Mas isso exigiria todo um capítulo, tantos sacrifícios! Pouco antes eu ia pedir que se eliminasse o termo "síntese" de nossos debates e justo naquele momento Baudouin nos disse que o símbolo é a primeira forma da síntese! Pensei comigo: "Mais um!" Já não podia pedir aquilo, entendem. *[Risos.]* Agora, gostaria por exemplo de lhe pedir para nunca dizer o termo "pensamento" sem supor que os primitivos não pensam mais que nós ou, ao menos, muito raramente.

Mircea Eliade: Bem, então digo "comportamento", é mais simples. O comportamento arcaico é falado por si mesmo, é isso que eu queria dizer.

JL: É, só que, como o Cosmo do primitivo, é exatamente o que chamei há pouco de universo do símbolo. O senhor volta à questão, entende? Em outros termos, acho que a diferença entre o primitivo e nós é que ele não começou, como nós fizemos com a maior imprudência, a interrogar, com seu universo de símbolos *[tapa na mesa]*, a realidade tangível! Começamos progressivamente, reduzindo a questão às dimensões do objeto, e acabamos obtendo respostas, ouso dizer, fulminantes. Agora, que o primitivo pense que o Cosmo fala, como o senhor diz, isso não provoca em mim nenhum tipo de questão que me conduza a fazer uma diferença radical entre a mentalidade dele e a nossa, pela simples razão de que o que o senhor chama de Cosmo no nível do primitivo não tem nada a ver com a cosmologia copernicana, e menos ainda com a última que apareceu, a dos átomos de Adrian. É uma cosmologia simbólica, não é? Então, não espanta que ela fale, pois é justamente sua definição! De sorte que meu sistema se mostra bastante sólido, meu sistema que, aliás, tem justamente por característica não ser um sistema.

Não espere de mim que lhe explique a emergência da surpreendente inspiração que faz com que, no plano dos símbolos, o Cão celeste seja um cão tanto quanto o cão terrestre. É assim. Chegamos dentro disso, e imediatamente nos ensinam a falar. Pelo simples fato de nos ensinarem a falar, somos introduzidos no universo do símbolo. Conforme os vários acidentes de nossa vida, seremos ou não levados a nos indagar sobre isso, ou mesmo a não abordá-lo de jeito nenhum, não importa.

Enfim, é um fato que este mundo existe e que o recebemos pronto! Afinal, não o refabricamos com nossas imagens internas! Não se deve tentar nos fazer acreditar nisso! São João da Cruz, como os outros, recebeu os símbolos tradicionais, foi buscar temas simbólicos no Cântico dos Cânticos. Não é por acaso que encontramos nele por exemplo o tema do amor ilícito, não é? É por aí que, no amor, o ser se evade do mundo do símbolo. Isso talvez seja justamente fundador de um amor para além do símbolo e é por isso que toma a forma do amor ilícito.

Vocês me acompanham? Acho que o que estou dizendo é muito importante.

[Breve silêncio.]

Dr. Laforgue: Sim. Alguém mais deseja fazer uso da palavra?

[Novo silêncio.]

Rev. pe. Bruno: Um minuto, porque temos de tomar chá, já passou das cinco.

[Seguem-se trocas que não foram transcritas e depois uma breve intervenção da sra. X a respeito da espiral, provocando respostas cáusticas do dr. Lacan e de vários outros.]

Mircea Eliade: Não sou nem psicólogo nem psicanalista, sou historiador das religiões e posso lhe dar fotografias de admiráveis desenhos de espirais no paleolítico.

JL: Tentei lhe dizer antes que toda imagem vale por seu uso simbólico, mas, claro, ela pode ser tomada em qualquer circuito. É certo que a água não é a mesma coisa quando a derramo aqui, no copo, e no momento em que entramos no simbolismo sagrado da água.

Mircea Eliade: Sim, mas existem mitos que explicam essa imagem. Falta-lhes justamente os termos "ser", "não-ser" e "devir", e eles os exprimem com o símbolo. O vocabulário falta, mas não a noção. A ontologia está ali, mas não o vocabulário ontológico, que começa com o pré-socrático ou com o *[falta uma palavra]*.

JL: Estou plenamente de acordo, não tenho nenhuma ressalva a fazer, é água para meu moinho, vai na direção que estou indo. Estamos de acordo, ou resta ainda a dificuldade *[tapa na mesa]* sobre a qual você me fez uma pergunta? Ainda há uma dificuldade ou não?

Mircea Eliade: Não, só que como leigo fiquei um pouco impressionado com a insistência das suas palavras. Para mim a palavra é...

JL: A palavra é a palavra do sujeito falante, quer ele fale sem saber que fala, quer fale sabendo. É isso.

Mircea Eliade: ... quer ele fale em linguagem articulada, quer lhe conte um sonho ou faça um desenho, porque, justamente, não pode falar. Um australiano jônico não pode falar, ele não tem as palavras "ser", "não-ser" e "devir".

JL: Não! Enfim, fiquei muito tempo tratando disso! A palavra se inscreve na função de reconhecimento. Fala-se para outro sujeito.

Dr. Laforgue: *Voltaremos daqui a pouco a essa questão, terei a oportunidade de tratar dela na minha exposição.*

Rev. pe. Bruno: Baudouin nos fará sua comunicação logo depois.

Intervenção depois de uma exposição de Claude Lévi-Strauss na Sociedade Francesa de Filosofia, "Sobre as relações entre a mitologia e o ritual", com uma resposta dele

JL: Sou grato demais pela gentileza demonstrada por Jean Wahl, que se deu ao trabalho de me perguntar se eu queria falar, para me recusar a fazê-lo.

No entanto, gostaria que soubessem que, quando venho escutar Claude Lévi-Strauss, é sempre para me instruir. Portanto, se me meto a fazer alguma pergunta, ela não deixa de estar marcada pela parcialidade de meus interesses.

Se ouso fazê-lo é porque faz tempo que esses interesses se nutrem e se ampliam com muitas das coisas que aprendi com Claude Lévi-Strauss. De sorte que vim hoje com uma certa expectativa – a expectativa daquilo que chamaria o próximo passo, depois do que ele já expôs sobre os mitos – e que vou me interrogar sobre o que ele me deixa a desejar no que nos expôs hoje.

Se quisesse caracterizar o sentido em que me senti apoiado e estimulado pela fala de Claude Lévi-Strauss, diria que foi na ênfase que ele pôs – espero que ele não recuse a amplitude dessa formulação, à qual não pretendo reduzir sua investigação sociológica ou etnográfica – no que chamarei de função do *significante*, no sentido que esse termo tem em lingüística, na medida em que esse *significante*, não direi apenas se distingue por suas leis, mas prevalece sobre o significado ao qual ele as impõe.

Claude Lévi-Strauss nos mostra todos os lugares onde a estrutura simbólica domina as relações sensíveis. Digamos, para exprimir as coisas aproximativamente, para nos fazer entender rápido e por todo o mundo, que ele nos mostrou que as estruturas do parentesco se ordenam segundo uma série, explicada em última instância pelas possibilidades da combinatória; a ponto de quase todas essas possibilidades se verem realizadas, em algum lugar, no conjunto concreto das estruturas que recolhemos no mundo. Quer dizer, por um lado, que se pode explicar aquelas que não encontramos por algum impasse a que conduziria seu uso, e que, por outro, para fazer uma aproximação, diria que não há nada de ofensivo, Claude Lévi-Strauss concordaria, como fazia Fourier no seu sistema apenas audacioso demais, em antecipar sobre a natureza, que se por acaso houver classes possíveis que ficam vazias, em esperar encontrar um dia o que as preencha.

Afinal de contas, o que faz com que uma estrutura seja possível são razões internas ao significante; o que faz com que uma certa forma de troca seja concebível ou não são razões propriamente aritméticas; acho que ele não recuará diante desse termo.

O segundo passo que, graças a ele, eu já tinha dado antes de chegar aqui hoje é aquele que devemos a seus desenvolvimentos sobre o *mitema*, que tomo como uma extensão à noção de mito dessa ênfase posta no significante. A análise dos mitemas, tal como ele nos propõe destacá-la, aprofundá-la, consistiria resumida em buscar esses elementos significantes, essas unidades significantes no nível do mito onde elas se chamam mitemas, assim como no nível do material elementar temos os fonemas, para ali encontrar uma espécie de lingüística generalizada.

Naquela primeira análise do mitema, fiquei muito impressionado com o caráter excessivamente avançado das fórmulas ali sugeridas: propondo, de início, o método de seriação, que nos possibilita identificar as unidades homólogas através dos mitos paralelos quando eles chegaram até nós tão-só como no que nos resta da mitologia grega; mas já em condições de deduzir na diacronia interna às linhagens heróicas certas combinações como as que ele nos mostrou hoje, de um tipo tal que um agrupamento de termos que se produz na primeira geração se reproduz, mas numa combinação transformada, na segunda – digamos que o que acontece na geração de Édipo pode ser homologado na geração de Etéocles e de Polinice segundo um modo de transformação rigorosamente previsível; logo, que a falta de arbitrariedade, por assim dizer, do mito aparece no fato de que nos dois níveis encontramos uma mesma coerência, correspondendo-se ponto por ponto em ambos os níveis.

Até aí, portanto, é onde eu tinha chegado hoje. O relevo da coisa é por mim altamente apreciado porque, como Claude Lévi-Strauss não ignora, tentei quase de imediato e, ouso dizer, com pleno sucesso, aplicar sua grade aos sintomas da neurose obsessiva; especialmente à admirável análise que Freud fez do caso do Homem dos Ratos, e isso numa conferência que intitulei precisamente "O mito individual do neurótico". Consegui até formalizar estritamente o caso segundo uma fórmula dada por Claude Lévi-Strauss, pela qual se verifica que um *a*, associado de início a um *b*, enquanto um *c* está associado a um *d*, troca com ele de parceiro na segunda geração, mas não sem que subsista um resíduo irredutível sob a forma da negativação de um dos quatro termos, que se impõe como correlativa à transformação do grupo: no que se lê o que chamaria de signo de uma espécie de impossibilidade da total resolução do problema do mito. De sorte que o mito aí estaria para nos mostrar o equacionamento, sob uma forma significante, de uma problemática que tem por si só de deixar necessariamente algo em aberto, que responde ao insolúvel significando a insolubilidade, com sua saliência [*saillie*] encontrada em suas equivalências, que fornece (seria esta a função do mito) o significante do impossível.

Será que ainda conservo, como tinha então, o sentimento de talvez estar me adiantando um pouco?

Vejo-nos de fato introduzidos num sistema de transformação de significante que é exatamente da mesma ordem, e não posso deixar de sublinhar a distância existente entre o que o método de Claude Lévi-Strauss exige e esse modo de análise em que abundam nossos clínicos e que nada fica a dever àquilo de que nos fala Métraux, nos complexos desses personagens que ele encontrou na América do Sul – gostaria aliás de saber precisamente onde, mas por pura curiosidade, pois todos os meus pacientes podem dizer o mesmo: ou seja, é verdade mesmo que se teme estar grávido, mesmo não sendo homossexual; há muitos motivos para temê-lo; não tocamos aí em nada senão no estado movediço das relações desse ser singular jogado na existência sob o nome de homem; todos os temores possíveis fazem parte disso. Diria que os significantes são, de certo modo, feitos para seriá-los, para organizá-los, para escolher entre eles. É sobre esse fundo que se inscreve a experiência analítica, ou mesmo a experiência etnográfica, a saber, que você encontrou lá o que podemos encontrar entre nós; que para encontrar isso não é preciso ir buscar tão longe. O temor que o rapaz tem de estar grávido é algo totalmente diferente da utilização da função da gravidez, num sistema significante; está ali para cumprir certo papel, certa ligação, em que é imediatamente transformável em outra coisa; é algo de outra natureza, é algo em que o *pathos* humano, com toda a sua confusão e todos os seus temores, encontra seu sentido, longe de dá-lo.

O que nos importa aqui é o sistema de significante na medida em que ele organiza, na medida em que ele é a armadura de tudo isso, determinando vertentes, pontos cardeais, reversões, conversões e o jogo da dívida.

Claro que essa ordem de estudo comporta por si só tamanha mudança de perspectiva que torna possível reclassificar os problemas de modo totalmente diferente. Por exemplo, perguntar-se qual vai ser exatamente o sistema de transformação do significante nas diversas manifestações do simbolismo que a análise revelou no psiquismo: isso provavelmente não aparece por toda parte da mesma forma como aparece na neurose obsessiva; nos outros registros, é de forma mais completa ou descompletada? Pode-se desde já encontrá-lo no sonho: se lhes tivesse sido dada essa chave, os autores que se interessaram pela função do que eles chamaram os sonhos em dois tempos ou sonhos duplos teriam sido mais pertinentes em seus comentários, menos pesados em seu recurso às instâncias psíquicas na sua forma entificada para explicar a necessidade da duplicação de um mesmo tema e o que nisso se esgota.

O que não faz senão aumentar a intensidade do problema, pois se isso funciona no nível do sonho, ao que é que isso nos conduz no que concerne à atividade mental? É algo que renova completamente o alcance das questões; mostra-nos que desde Freud não avançamos nada, recuamos.

Graças à exposição de Claude Lévi-Strauss, estamos hoje diante de algo que me surpreende – e é esse, em suma, o sentido de minha observação –, porque ela me parece recuar um pouco em comparação com o que o artigo do *Journal of American Folklore* sobre a estrutura do mito* me parecia estabelecer como princípio de estruturação. Quero dizer, por exemplo, que não encontro nela as fórmulas de transformação já bem elabo-

*Cf. Claude Lévi-Strauss, "The structural study of myth", *Journal of American Folklore* vol.68, nº270, out-dez 1955, p.428-44.

radas de que falei agora mesmo. Há aí uma espécie de combinação ternária cujo agrupamento dois a dois num sentido giratório eu vejo bem. Diria que é a intrusão maciça de um elemento vindo do real na função formadora desse mito que me parece ser, ao mesmo tempo, o elemento novo e o elemento que, não vou dizer que me desconcerta, mas faz interrogá-lo.

Em outras palavras, para que chegássemos a conceber ou a procurar a motivação dessas estruturas míticas numa espécie de relação em espelho do grupo com a estrutura social de um grupo vizinho, o senhor parecia admitir que o grupo de certo modo sonha o que foi deixado de lado na sua estruturação social em virtude dos dados da troca econômica, agricultura ou nomadismo que a determinam.

Há nisso uma espécie de função de complementaridade simbólica. Não acho, de resto, que o sonho tenha sido invocado pelo senhor no sentido próprio do onirismo, mas antes como uma espécie de bovarismo social que se exprimiria no mito. É com uma espécie de miragem, de reflexo ou de imagem do que acontece nos outros que o senhor relacionaria o que constitui o mito em sua profunda anomalia no interior de um grupo. Será esta, para o senhor, exatamente a última explicação? Eu diria: que generalização poderíamos fazer disso, ou será que o senhor chegaria a conceber todo esse conjunto de pequenas civilizações em certo sentido minúsculas, pulverizadas, dos índios das planícies como formando de certo modo um vasto grupo em que tudo faria parte, afinal de contas, de um mesmo mundo coerente, em que cada um se entregaria a uma espécie de especialização que ele tenta compensar, por outro lado, como puder? Em suma, é a relação, a idéia precisa que o senhor tem da relação dessa elaboração do significante, tal como o senhor a propõe, com a estrutura real, concreta e muito limitada das sociedades primitivas, que me faz questioná-lo sobre a tendência, a direção na qual o senhor orienta essa coordenação entre o que eu chamaria, na minha linguagem, o simbólico e o imaginário. Esperava um percurso mais longo na ordem do puro simbólico antes de o senhor nos trazer de volta a essas motivações imaginárias.

Acho que dá para entender mais ou menos o sentido da minha pergunta.

Claude Lévi-Strauss: Agradeço-lhe muito por ter colocado um problema essencial. Peço desculpas por tê-lo decepcionado encurtando o percurso. Tinha prometido ao presidente da mesa falar meia hora; temo ter ultrapassado o tempo concedido em cinco ou dez minutos. Se tivesse tentado tratar o problema de maneira puramente formal, como o senhor desejava, teria me faltado tempo para escrever os símbolos no quadro, definir o sentido deles etc.

Dito isto, concordo com o senhor que o problema hoje é um pouco diferente daquele que tratei em outros trabalhos. No artigo a que o senhor alude, coloquei-me o problema das relações entre as variantes de um mesmo mito e tentei mostrar que cada variante pode ser assimilada a um grupo de permutações de elementos dispostos de outra forma nas variantes vizinhas, de tal modo que o mito progride, se desenvolve, gera novas variantes até o esgotamento da totalidade das combinações.

O problema hoje é outro. É o problema das relações entre a mitologia e o ritual, problema geralmente escamoteado sob o pretexto de que o mito é da ordem da representação, o rito, da ordem da ação. Ora, o homem é um ser pensante e atuante. Nada mais natural, dizem-nos, do que ele procurar se exprimir desses dois modos. Mas isso só seria verdade se as ações, os gestos do rito fossem ações e gestos verdadeiros, isto é, se desembocassem num resultado.

O senhor falou há pouco do significante e do impossível; se o ritual não produz resultado, deve-se concluir que ele consiste em pseudogestos executados, não em razão de um resultado concreto, mas antes porque são um suporte de significação. Nessa perspectiva, embora se trate de dois sistemas de signos diferentes, de dois códigos diferentes, tanto no plano do mito como no do rito estamos diante de um código; certa vez caracterizei o mito como uma metalinguagem e o rito como uma paralinguagem, mas em ambos os casos, linguagem. Então, por que há duas linguagens? Foi esse o problema que tentei formular. Espero que seja possível avançar rumo à solução mostrando que essa assimilação do mito e do rito justifica-se a tal ponto que o tipo de combinações que uma sociedade realiza sob forma de mito, a do lado realiza sob forma de rito. Os motivos pelos quais essas diferentes opções ocorrem tornam-se, de certo modo, motivos residuais que não dizem respeito ao essencial da interpretação simbólica, mas colocam em jogo a história respectiva dessas populações. Portanto, não pretendo recuar de minhas hipóteses anteriores. Vejo nisso, ao contrário, um meio de estendê-las e desenvolvê-las, pois se trata de englobar no reino do simbolismo o domínio do ritual, que até agora eu tinha deixado de fora.

JL: Isso acentua ainda mais a "relativação" total desses sistemas simbólicos.

Indicações biobibliográficas

A conferência "O mito individual do neurótico ou Poesia e verdade na neurose" foi proferida no Collège Philosophique "onde se cruzavam, a convite de Jean Wahl, as febris agitações de então", diz Lacan. (Escritos, p.76.) Um texto mimeografado dessa conferência foi difundido em 1953, s.d., sem o consentimento do autor e sem ter sido corrigido por ele. A presente versão é aquela que estabeleci e publiquei na época na revista *Ornicar?*, nº17-18, Seuil, 1978, p.290-307.

Esse "mito individual", assinala Lacan, marca nele "o início de uma referência estruturalista em forma". A expressão foi de fato tomada de Lévi-Strauss e encontra-se em seu artigo de 1949, "A eficácia simbólica" (in *Antropologia estrutural*, Rio de Janeiro, Tempo Brasileiro, p.215-36). No tratamento psicanalítico, explica Lévi-Strauss, p. 230, "é um mito individual que o paciente constrói com a ajuda de elementos de seu passado", ao passo que "no tratamento xamanístico", ele recebe "um mito social". Mais adiante, ele escreve (p.235); "os complexos, esses mitos individuais...".

A exposição "O símbolo e sua função religiosa" é a contribuição de Lacan ao Congresso de Psicologia Religiosa, realizado em Paris em setembro de 1954. O título e o estabelecimento são meus. O zelo com que Lacan foi acolhido pelo reverendo padre Bruno dá uma idéia do clima: em certos meios católicos, esperava-se muito da cisão de 1953.

O texto da intervenção de Lacan depois da comunicação de Claude Lévi-Strauss perante a Société Française de Philosophie em 26 de maio de 1956, "Sobre as relações entre a mitologia e o ritual", está reproduzido tal como foi publicado no *Bulletin de la Société Française de Philosophie,* 1956, t.XLVIII, p.113-9. Lacan, por sua vez, será o convidado dessa Sociedade científica no ano seguinte (ver *Escritos,* p.438).

Jacques-Alain Miller